AF452123

LE VAR

ET LES VOIES FERRÉES.

LE VAR

ET LES VOIES FERRÉES

DESTINÉES A COMPLÉTER

LE RÉSEAU DU DÉPARTEMENT,

PAR

Philibert POULLE,

Avocat, Juge suppléant.

« Dites à vos concitoyens, que
« je serai prêt sans cesse à accep-
« ter tout ce qui est l'intérêt du
« plus grand nombre.....
(Discours de S. M. l'Empereur au
Corps Législatif. 12 janvier 1863.)

DRAGUIGNAN,

IMPRIMERIE DE P. GARCIN, BOULEVARD DE L'ESPLANADE, 4.

1863.

LE VAR

ET LES VOIES FERRÉES.

Les départements du Midi de la France ont vu naguère surgir entre les deux puissantes Compagnies de chemins de fer, qui s'y disputent le sceptre commercial, un débat, dont les proportions ont grandi dès sa naissance, et qui a causé au sein des populations un profond retentissement.

L'autorité supérieure n'a point encore tranché la question pendante, ni fait connaître la solution que devra lui suggérer le désir de sauvegarder les intérêts engagés dans cette lutte, et de tenir compte des vœux du pays, manifestés en cette occasion.

On le sait, obtenir l'entrée de Marseille, établir une ligne rivale, tel est le but que poursuit la Compagnie du Midi.

Seule maîtresse dans la seconde capitale de l'Empire, la Compagnie de Lyon à la Méditerranée repousse ces prétentions de toutes ses forces, et, aux offres libérales, mais intéressées de sa concurrente, elle répond par la perspective séduisante de nouvelles lignes, destinées à compléter dans un avenir prochain, les réseaux de nos régions méridionales.

Quelle est l'origine de cette lutte et du mouvement d'opinion qui s'est produit pendant l'enquête solennelle, à laquelle elle a donné lieu ?

Si l'on jette les regards autour de soi, on sera frappé du réveil des populations, qui, depuis quelques années, secouent leur sommeil léthargique, avides de jouir du bienfait des institutions, récemment inaugurées par le gouvernement de Sa Majesté l'Empereur.

Au dedans, les mesures les plus efficaces protègent l'agriculture et en accélèrent les progrès, sous l'influence salutaire de cette belle et féconde pensée « QUE L'AMÉLIORATION DES CAMPAGNES EST ENCORE PLUS UTILE QUE LA TRANSFORMATION DES VILLES. »

Au dehors, des territoires nouveaux reculent nos frontières, et un glorieux traité nous a rendu ces magnifiques provinces, réunies, déjà une fois, à la France par l'épée de Napoléon 1er.

Un fait économique d'une portée immense s'est aussi révélé, qui touche directement aux intérêts, dont nous sommes aujourd'hui l'organe.

Grâce à l'initiative éclairée du Chef de l'Etat, nous avons vu s'abaisser ces barrières prohibitives, digues impuissantes à défendre l'industrie indigène, contre une concurrence, plus propre à lui servir d'utile stimulant, qu'à l'arrêter dans son essor.

« Par ces traités de commerce, qui rapprochent « les peuples et font disparaître les préjugés natio- « naux, sans affaiblir l'amour de la patrie, (1) » la sphère des échanges s'est élargie, et l'industrie n'éprouve plus qu'un seul besoin, celui de déverser sur nos marchés ses produits de toute provenance, et de transmettre, avec le plus de rapidité possible aux consommateurs, tout ce qui contribue à satisfaire aux exigences du bien être, à mesure qu'il s'étend et se vulgarise.

Marseille, l'entrepôt des deux mondes, est entrée dans une voie de prospérité, dont rien ne peut faire pressentir les limites.

Le percement de l'Isthme de Suez, nos victoires et nos établissements dans l'extrême Orient, le voisinage de l'Algérie, lui assurent a jamais le trafic de l'univers entier.....

Nous trouvons encore dans le débat, que nous venons de rappeler, la démonstration d'une vérité

---

1 Discours de S. M. l'Empereur à la distribution des récompenses aux exposants français à Londres.

d'observation, dont les conséquences doivent être capitales pour nos contrées.

C'est l'impérieuse nécessité qui pousse la génération actuelle à revendiquer, à son profit, la création de ces voies rapides de locomotion, sans lesquelles les cités demeurent stationnaires, et les campagnes, confiées à des cultivateurs routiniers, ne donnent, en retour de pénibles labeurs, que des récoltes condamnées à être consommées sur place par suite de la difficulté des transports.

Quelle que soit l'issue de ce duel, dont le souvenir restera inscrit dans les annales de l'économie sociale, nos populations ne sauraient y demeurer étrangères; elles doivent faire entendre leurs justes réclamations et exposer leurs besoins.

Il y aurait une coupable indifférence à garder le silence, dans une circonstance aussi décisive.

I.

Aux portes de la grande cité Phocéenne, il est une région que la nature a dotée de la manière la plus libérale, et qui, au point de vue des relations intercommerciales, semble appelée à un avenir des plus prospères.

C'est le Var.

Essentiellement agricole, ce département est riche des produits d'un sol favorisé par la douceur du climat, l'importance et la variété des cultures.

Le Var fournit au Nord de la France ces récoltes privilégiées que donnent l'olivier, la vigne, et l'oranger.

La terre y recèle des richesses minéralogiques inépuisables ; des bassins houilliers étendus alimentent ses usines ; les chaînes de montagnes y sont couronnées par d'épaisses forêts.

Des villes et des bourgs nombreux y forment autant de centres industriels, qui participent dans une large mesure au mouvement commercial.

La mer qui le baigne, voit s'élever sur ses rivages, le premier port militaire de l'Empire.

Le Var est aussi la grande voie des voyageurs et des marchandises qui nous arrivent du Midi de l'Europe.

C'est le boulevard de l'Italie.

II.

Et cependant, le territoire du Var n'est point encore traversé par un réseau de voies ferrées, que tout proclame indispensable au développement des forces vitales du pays.

Si la Providence n'avait accordé aux populations

du Var les avantages , que nous venons d'indiquer, et que , ni le temps , ni les évènements ne sauraient lui enlever, notre département serait fondé à se plaindre de l'inégale répartition, dont il a été jusqu'ici l'objet , au point de vue qui nous occupe.

Il s'est suffi, pour ainsi dire , à lui-même ; il a tiré de son propre fonds, de son industrieuse activité, les éléments de sa fortune.

Mais a-t-il obtenu dans l'échelle du progrès le rang qui lui appartient? Constatons-le avec regret, le Var est encore en arrière d'un grand nombre de contrées moins splendidement traitées que lui par la nature. L'agriculture y languit : le sol, si fertile pourtant, n'y rend qu'une faible partie de ce qu'il serait permis d'en attendre. Ses cours d'eau , aux allures capricieuses et souvent désordonnées , sollicitent du génie de l'homme, une direction utile, pour servir de moteurs aux plus puissants engins.

Les populations rurales se laissent entraîner aux séductions des grandes villes ; et ce département qui pourrait nourrir le double de ses habitants , les voit diminuer sur certains points , ainsi que l'établit le dernier recensement.

Le peu d'extension donnée , jusqu'à ce jour, dans le Var, aux voies ferrées , telle est la cause évidente de l'état d'infériorité relative, dans lequel , se trouve placé notre département.

L'examen des pays voisins justifie pleinement la réalité de cette assertion.

Le Languedoc, par exemple, déjà servi par la mer, est sillonné de canaux : les chemins de fer le couvrent en tous sens. La compagnie du Midi, qui les a créés, offre d'en accroître le réseau.

Dans la Gironde, de Bordeaux à Périgueux, deux lignes parallèles, distantes entre elles, de quinze kilomètres à peine, relient les villes de Coutras, Libourne et Bergerac.

En Dauphiné, sur la route de Lyon, dans un périmètre de trois myriamètres, trois lignes différentes unissent Vienne, Saint-Rambert et Valence. (1)

Le département du Var ne possède qu'une seule ligne ferrée, celle qui longe le littoral.

Grâce à cette supériorité, dans les moyens de communication, les vins du Languedoc sont expédiés à Marseille et à Toulon à moins de frais que les nôtres : ils les écrasent non point par leur qualité, mais par leur bon marché.

Le Languedoc nous a supplantés à Toulon dans l'approvisionnement de la marine : il nous menace à Marseille.

Il nous disputera bientôt le marché des Alpes, par l'embranchement projeté d'Aix à Pertuis.

(1) Nous pourrions pousser plus loin cette comparaison : nous nous contenterons de faire remarquer ici que le Var est au-dessous de la moyenne des autres départements au point de vue des chemins de fer.

III.

Que faut-il pour rétablir l'équilibre, sauvegarder les droits acquis, rassurer nos populations, et maintenir en elles cet amour du sol natal, qui est une des plus sûres garanties de l'ordre social?

Combler des lacunes regrettables par l'achèvement du réseau des chemins de fer dans le Var; et à la somme de richesse que développeront ces voies fécondes au sein de nos contrées, nous verrons bientôt s'ajouter cette somme non moins désirable de lumières et de civilisation vraie, qui découle naturellement de la communication rapide et facile de tous les points du pays entre eux.

Réaliser ce vœu, c'est accomplir un acte de haute justice distributive.

Le Var supporte, dans une large mesure, les charges et les sacrifices qu'impose l'intérêt général. N'est-il pas de toute équité, qu'il soit admis à jouir, selon l'étendue de ses besoins, des bienfaits que répand autour d'elle l'action gouvernementale?

Et sous quel règne les populations du Var pourraient-elles invoquer ce principe avec plus de confiance, que sous le Prince qui disait, aux représentants de la nation, dans un discours récent, dont

l'éloquente concision rappelle les pages de Tacite ;
« Assurez à vos concitoyens que je serai prêt sans
« cesse à accepter tout ce qui est l'intérêt du plus
« grand nombre.»

D'ailleurs les pays voisins nous ont déjà précédés
dans ce grand mouvement, qui après avoir agité les
esprits dans les Bouches-du-Rhône, les Hautes et
Basses-Alpes, s'étend aujourd'hui jusques dans le
Var.

A la suite des projets mis en avant par la Compagnie de la Méditerranée, des pétitions ont circulé ;
elles ont été aussitôt revêtues de milliers de signa-
tures.

Un comité composé des notabilités de la Provence
s'est formé dans la ville d'Aix.

Il y a quelques semaines, une députation des
délégués de tout le Sud-Est, depuis Chambéry jusqu'à Digne et Aix, a eu l'honneur de présenter les
vœux des populations à S. M. l'Empereur qui l'a
accueillie avec une bienveillance sans égale.

L'opinion publique est dès maintenant fixée sur
l'importance des résultats, qu'il est permis d'entre-
voir.

La ville d'Aix obtiendra une voie plus abrégée sur
Marseille ; Gap verra hâter l'exécution du chemin de
fer de la Durance, et créer une ligne qui la mettra
en rapport avec Grenoble, cette clef de la France,
dans le Sud-Est.

IV.

Le département du Var, à son tour, demande l'établissement des lignes complémentaires de son réseau.

En quoi consistent ces voies ferrées ?

Deux lignes nous paraissent répondre aux exigences de la situation.

La première, que nous appellerons, la *ligne du Nord* a pour but de relier avec une abréviation considérable de distance, Paris et notre pacifique con quête, Nice-Maritime, par Avignon, le chemin de fer en construction dans la vallée de la Durance et Draguignan.

La deuxième, que nous désignerons sous le nom de *ligne centrale*, est destinée à mettre en communication directe l'intérieur du département avec Marseille, dont le rayonnement, sans bornes, demande, d'une manière impérieuse, des débouchés nouveaux vers les régions qui l'entourent.

Nous allons entrer dans quelques détails sur chacune de ces voies et exposer les motifs, qui nous permettent d'asseoir de légitimes espérances sur leur prochaine réalisation.

Déjà, du reste, les intérêts du département, à cet

égard , ont rencontré de chauds défenseurs. Dans sa session du mois d'août 1862, le Conseil Général du Var a émis un vœu fortement motivé, en faveur de l'achèvement du réseau.

Un Comité de direction a été fondé à Draguignan par les soins et le dévouement de M. le maire Bouyer, sous la présidence d'honneur de M. L'Escuyer-d'Attainville, député au corps législatif. L'initiative intelligente de M. Niel, maire de Varages, avait précédemment constitué dans la ville de Saint-Maximin, un autre comité tendant au même but. (1)

Les conseils municipaux consultés se sont empressés d'apporter leur adhésion, et ont pris des délibérations à ce sujet. (2)

Enfin ces divers projets ont rencontré un accueil sympathique auprès de M. le Préfet Montois, dont l'administration éclairée s'est déjà révélée à nous par les dispositions les plus généreuses et les plus bienveillantes envers le département.

La presse du Midi s'est associée à la cause que nous défendons. Deux des journaux de Marseille, le Courrier et le Nouvelliste ont publié des articles en faveur de ces tracés.

(1) Voir aux pièces justificatives.
(2) Id.

V.

Ligne du nord. — Le décret du 25 août 1861 a réalisé envers les départements de l'extrême Midi un premier pas dans l'œuvre de la justice et de la réparation.

Par ce décret est déclarée d'utilité publique et concédée la ligne d'Avignon à Gap, avec embranchement sur Lamanon par Miramas et à Pertuis sur Aix.

Grâce à cet acte, toute la région des Alpes est reliée à Paris par Avignon, à Marseille par la ligne d'Aix.

Mais cette œuvre n'est point complète.

C'est ce qu'à compris le conseil général du Var qui, en proposant au mois d'août 1861, un projet d'ensemble, insistait sur l'opportunité *d'un prolongement de la voie de la Durance dans le Var, jusqu'à la ligne d'Italie.*

La ville de Gap a également saisi la nécessité de ce complément ; on nous permettra de citer à cet égard, le passage suivant, tiré d'un mémoire fort remarquable publié par le Comité de cette ville :

« La ligne d'Avignon à Gap, ne produira les résultats
« que l'on doit en attendre, que lorsque *continuée*
« *d'abord à la frontière Sarde*, elle aura ouvert à

« Marseille, une communication directe, et de
« beaucoup plus courte avec la haute Italie, la
« Vénétie et les provinces du Tyrol, et l'aura mise
« en communication avec Lyon, Chambéry, la
« Suisse, l'Est de la France et l'Allemagne.

« Nous devons donc faire des vœux pour la créa-
« tion *d'une nouvelle voie demandée par le dépar-*
« *tement du Var, de Nice à Pertuis, qui, en même*
« *temps qu'elle soulagerait celle de Marseille, servi-*
« *rait de trait d'union direct entre les chemins de*
« *fer de la Durance et l'Italie.*»

Voici succintement exposé le tracé que suivrait la
voie ferrée que nous sollicitons.

Se détachant de la ligne de la Durance vers Pertuis, cette portion du réseau du Var longerait la vallée de Jouques, traverserait les communes de Rians,
Artigues, Esparron, Saint-Martin-Les-Pallières,
Varages, Barjols, Tavernes, Fox-Amphoux, Salernes, Villecroze, Flayosc et viendrait se souder à la
ligne d'Italie par l'embranchement de Draguignan.
(Voir la carte ci-annexée). (1)

La longueur du parcours entre Peyrolles (sous
Pertuis) et Draguignan, serait d'environ 83 kilomètres.

(1) Nous n'avons pas la prétention de fixer d'une manière rigou-
reuse, les points par où devrait passer la voie ferrée. C'est aux hommes de l'art qu'il appartient de les déterminer.

Mille circonstances peuvent faire infléchir la ligne, vers telle ou
telle direction.

VI.

Un des principaux élémens de succès et de vitalité pour une voie ferrée, disons mieux, une des conditions premières de son établissement, c'est de satisfaire aux principes suivants : desservir le plus grand nombre possible de communes, procurer à l'industrie la voie la plus sûre, la plus rapide, et la plus économique ; enfin, et c'est là, en ce qui touche le département du Var, une question fondamentale, favoriser les intérêts de l'agriculture.

La ligne du littoral est évidement incomplète à ce triple point de vue.

Le simple aspect de la carte du département suffit pour démontrer que la portion la plus considérable de la population est totalement déshéritée des bienfaits du chemin de fer.

Le Ray-Way du littoral laisse loin de lui les cantons les plus populeux et les plus riches des deux arrondissements de Brignoles et de Draguignan.

On a dit que rien n'est plus éloquent que les chiffres : c'est chiffres en main que nous justifions cette assertion.

Dans l'arrondissement de Brignoles, la partie nord des cantons de la Roquebrussanne et de Besse, les cantons de Rians, Barjols, Tavernes, Saint-Maximin, Cotignac et Brignoles, comptant cinquante-cinq communes, et cinquante-cinq mille habitants;

Dans l'arrondissement de Draguignan, les cantons d'Aups, Salernes, Lorgues, Comps, partie de celui de Draguignan, les cantons de Callas, et de Fayence disseminés en quarante-deux communes, peuplés de cinquante-neuf mille habitants, enfin, toute cette vaste étendue de territoire, qui compose l'arrondissement de Castellanne et dont les quinze mille habitants sont en relations incessantes avec le Var: et lorsque la ligne demandée, aura reçu son complément naturel, par la prolongation directe sur Grasse, six cantons, peuplés de quarante mille âmes, seront admis à participer aux avantages de la voie ferrée.— En un mot, une population de près de 170,000 âmes, est actuellement délaissée par le Rail-Way du littoral ! (1)

Le chemin de fer du littoral est, en outre, tout-à-fait insuffisant pour les besoins du transit.

On n'a point oublié les regrettables encombrements auxquels ont donné lieu dans la gare de Marseille, les guerres de Crimée et d'Italie; qu'une obstruction se produise par suite d'arrivages inatten-

---

(1) Le chemin de fer *du littoral* justifie même cette qualification ; il s'écarte de trois villes importantes qui s'élèvent sur nos côtes : Hyères, Grimaud, Saint-Tropez.

dus , ou d'un accident possible sous le souterrain de la Nerthe , les communications sont interceptées , et les perturbations les plus fâcheuses jetées au sein des transactions et des affaires commerciales.

Laissons parler ici au sujet de ces éventualités menaçantes , une autorité que nous invoquons volontiers.

Le conseil municipal de Grenoble , dans une délibération prise le 27 juin 1862 , s'exprime en ces termes :

« Considérant que l'insuffisance de la voie de
« Marseille à Lyon est aujourd'hui reconnue par
« tous les esprits , et constatée par ce fait qu'une
« décision ministérielle , du 4 décembre 1861 , a
« autorisé la compagnie de Paris à Lyon et à la
« Méditerranée à laisser en souffrance le transport
« de toute marchandise à l'exception du blé , et cela
« malgré le départ de quarante-huit convois, par
« vingt-quatre heures , de la gare de Marseille ;

« Considérant que cet encombrement de la gare
« de Marseille a porté le plus grand préjudice au
« service de toutes les autres gares de Marseille à
« Lyon , tellement qu'on a vu les villes de Lyon et
« de Grenoble menacées d'une suspension de leur
« éclairage public , faute de wagons, pour le trans-
« port des houilles , et que ce n'est qu'à grands frais
« que ces villes ont pu se soustraire à ce danger ,
« sans compter tout ce que les intérêts commerciaux

« ont eu à souffrir, sur toute la ligne , de la suspen-
« sion de transport permise par le Gouvernement ;

« Le conseil municipal de Grenoble émet le vœu,
« qu'une nouvelle ligne de chemin de fer entre Mar-
« seille et le nord , soit créée , etc...etc.

Cette opportunité d'une voie indépendante de
Marseille, qui est un des arguments les plus
sérieux apportés à la cause que nous soutenons
est ainsi appréciée par un écrivain dont le nom est
toujours au premier rang , quand il s'agit de la
défense des intérêts du Midi : « Marseille , le centre
« naturel et nécessaire des relations entre l'Europe
« et l'Asie , dont les nouveaux ports et les docks
« feront le lieu privilégiés de débarquement et d'en-
« trepôt pour tous les produits de l'extrême Orient,
« où le pays doit trouver ses approvisionnements en
« céréales , dans les temps de disette , et avec les
« approvisionnements , les moyens indispensables
« et rapides de transport, Marseille , n'a qu'une
« artère de voie ferrée , se dirigeant vers le nord , à
« travers un souterain de cinq kilomètres.

« L'encombrement de cette ligne a provoqué sou-
« vent des embarras et suscité des réclamations
« fâcheuses. Le moindre éboulement dans ce sou-
« terrain, qui interromprait ou ne ferait qu'entraver
« plus ou moins longtemps la circulation , aurait
« des résultats désastreux,

« De telles plaintes et de semblables craintes sont-

« elles compatibles avec les soins qu'une grande
« nation doit avoir de sa sécurité, avec les exigences
« de sa politique, les intérêts de son commerce.? (1)

Ces considérations, si justes, s'appliquent de toute la force de leur logique, aux relations établies entre le nord et le midi de la France. La ligne proposée obvie à ces éventualités. Que l'on prenne, en effet, pour points de départ, des centres éloignés, tels que Clermont-Ferrand et Lyon :

Les voyageurs et les marchandises partant de Clermont et suivant la voie de Brioude, Alais, Nîmes et Tarascon, ou dirigés de Lyon, de la Savoie et de Grenoble, arriveront à Avignon et de là prendront le chemin de fer de Pertuis à Draguignan, et parviendront directement à Nice, sans être exposés à subir un retard quelconque dans la gare de Marseille.

Mais un des inconvénients les plus graves de cette ligne du littoral, c'est évidemment la situation même du chemin de fer.

On sait que sur divers points du parcours, entre Marseille et Toulon, Fréjus et Nice, le tracé longe la mer, et la chaussée semble suspendue aux bords de l'abîme.

Qu'une guerre maritime éclate, une chaloupe canonière, embossée au Golfe-Juan, à la pointe d'Agay,

(1) Charles de Ribbe : *Marseille Aix et les Alpes, dans la question du chemin de fer direct de Marseille et Aix.*

au Cap-Roux, à Saint-Nazaire, ou à Bandols, pourra ruiner en quelques instants les magnifiques ouvrages d'art de la voie ferrée, construits à tant de frais.

Enfin, par la ligne du littoral, la distance à parcourir entre Avignon et Draguignan n'est pas moindre de 270 kilomètres !.....

VII.

La ligne du Nord présente des avantages incontestables au point de vue de l'intérêt politique.

C'est la route stratégique par excellence. Les traditions historiques sont là pour l'établir.

En 1707, Toulon était investi du côté de la mer par une flotte anglo-hollandaise. Victor Amédée, duc de Savoie, à la tête d'une armée allemande, était en marche pour le surprendre. Son triomphe paraissait assuré, car Toulon se trouvait dépourvu de défenseurs.

Mais, à la nouvelle de cette invasion, quatorze bataillons, sous le commandement du maréchal de Tessé, descendirent par le Haut-Dauphiné, traversèrent Riez, Tavernes, etc., et gagnant la Basse-Provence, prévinrent à Toulon la présence de l'ennemi.

Si ces forces eussent suivi la route ordinaire ,
Toulon eût succombé avant d'avoir pu être mis en
état de résistance.

Cette situation stratégique , que présente la voie
de la montagne , n'avait point échappé au génie
observateur de l'Empereur Napoléon 1er.

Il existe au ministère de la guerre un projet de
route militaire , destinée à ravitailler Toulon et le
Midi et à faire correspondre Paris et le cœur de l'Italie , par Rians , Artigues , Esparron , Saint-Martin ,
Varages , Barjols , Salernes, etc. Les contemporains
du premier Empire se rappellent que cette voie avait
été l'objet d'études spéciales.

Il appartiendrait au gouvernement de S. M. Napoléon III de reprendre l'œuvre de Napoléon-le-Grand.

« Une ligne *partant de Nice* et de Marseille , se
« dirigeant jusqu'aux confins de la Savoie , dans les
« vallées du versant occidental des Alpes , reliera
« toutes les places fortes de la frontière , facilitera
« le transport des troupes et du matériel de guerre ,
« et sera comme un chemin de ronde derrière un
« rampart (1). »

(1) Adresse présentée à S. M. l'Empereur par M. le Maire de
Grenoble , au nom des délégués du Midi.

VIII.

Faut-il parler de l'intérêt du commerce ?

Le parcours d'Avignon à Draguignan ou soit à la ligne d'Italie par Marseille et Toulon est, avons-nous dit, de 270 kilomètres.

Le même trajet par la voie du Nord, s'effectuerait en 170 kilomètres.

Tout le transit de la France vers l'Italie et *vice-versâ*, réaliserait donc une économie de *100 kilomètres*, par le nouveau tracé.

Entrons dans quelques détails.

La tonne de marchandises paie, 0,10 centimes par kilomètre de chemin de fer, ou soit d'Avignon à Draguignan . par la voie du littoral, 27 francs.

La même tonne paiera 17 francs seulement, en passant par la ligne du Nord : différence au profit de celle-ci 10 FRANCS PAR TONNE.

On sait qu'en suite d'une convention diplomatique, récemment conclue, la France et le Piémont se sont engagés à terminer le réseau entre Nice et Gênes, dans l'espace de trois ans.

Le mouvement d'importation et d'exportation, qui a lieu aujourd'hui, dans le port de Gênes, s'effectuera alors, en grande partie, par la voie ferrée.

Si la ligne , dont nous sollicitons aujourd'hui la création , s'exécute , les marchandises parties de Gênes et dirigées sur Paris ou le Nord de la France, pourront être expédiées par une double voie : ou bien , elles. suivront celle du littoral , ou bien elles passeront par Draguignan , Peyroles et Avignon ; dans ce dernier cas , elles arriveront à destination avec une économie de dix francs par tonne sur le prix de transport , et une abréviation de temps de *quatre heures* dans le trajet, par la vitesse ordinaire.

Les étrangers , qui accourent des points les plus éloignés de l'Europe , pour demander à l'action vivifiante du soleil de Provence , le rétablissement de leur santé , ou chercher à Nice , dans la contemplation d'une nature constamment riante et sereine , une diversion à leurs fatigues et à leurs travaux , un remède à leur ennui , apprécieraient toute l'importance d'une si forte économie dans la durée et les dépenses de leur voyage.

Le nombre s'en accroîtrait, nous n'en doutons pas , dans une proportion sensible, au grand avantage de nos contrées.

Il suffit d'exposer de tels faits : ils plaident d'eux-mêmes, hautement, en faveur de la ligne demandée.

IX.

Ligne centrale.—L'absence de voie ferrée directe entre Marseille et l'intérieur du département du Var, amène le plus singulier et en même temps le plus fâcheux résultat.

Nous empruntons à cet égard le passage suivant du judicieux mémoire présenté par l'honorable M. Niel, maire de Varages, à l'appui des démarches du comité de Saint-Maximin : « Brignoles et Saint-« Maximin ne sont guères qu'à 70 kilomètres de « Marseille ; le prix de transport entre cette ville et « nos contrées n'a pas varié depuis un siècle : *la* « *moyenne en est de vingt-cinq francs la tonne ;* le « frêt entre Marseille et Londres est actuellement « *de 24 francs la tonne.* »

Marseille est donc par la force des choses, plus éloignée de Brignoles que de l'Angleterre !

Le trajet entre Marseille, Brignoles et Draguignan a lieu en *seize heures* par la voie de terre.

La voie ferrée du centre permettrait de l'accomplir en *deux heures.*

Voici le tracé dont le comité du Var sollicite l'exécution.

La ligne se détacherait de celle d'Italie, à Dra-

guignan ; elle traverserait les communes de Flayosc,
Lorgues , Entrecasteaux , Carcès , en suivant la
vallée de l'Argens , atteindrait Montfort , le Val ,
Brignoles , Tourves , se rapprocherait de Saint-
Maximin par les pentes du Caulon , longerait les ro-
chers pittoresques de la Sainte-Baume, ce pélérinage
vénéré de la Provence , et rejoindrait la ligne de
Marseille à Aubagne vers Roquevaire. (1)

La ligne centrale est , on peut le dire , le véritable
chemin de fer départemental; elle parcourt les territoires où se trouve le plus de population agglomérée

Si la ligne du Nord répond à des intérêts plus gé-
néraux et d'un ordre élevé , celle-ci donne satisfaction à des besoins actuels et pressans ; redirons-
nous que le Var est le grenier d'abondance de
Marseille , mais que ses produits n'arrivent sur ses
marchés que dans les conditions les plus défavora-
bles? En veut-on un exemple : au point où en est
venue la consommation journalière de cette grande
cité qui compte trois cent mille âmes, le bois de chauffage est un véritable objet de luxe : on le paie cinq
francs les cent kilogr. ; mais ce n'est pas la rareté de
cette denrée qui en fait hausser le prix , c'est assu-
rément la difficulté des transports; ainsi que l'a dit

(1) La ligne du centre serait facilement reliée à celle du littoral,
au moyen d'un tronçon qui traverserait le canton de Besse pour aboutir
à la station de Carnoules.

un auteur déjà cité, *le bois de chauffage est une matière pauvre et encombrante ;* or, la voie ferrée dont nous nous occupons, permettrait de le livrer au consommateur avec une économie de plus des deux tiers. Il en est de même des bois de construction que Marseille tirerait dorénavant de nos montagnes, au lieu de les recevoir dispendieusement des contrées du Nord.

Nous n'insistons pas davantage sur ces considérations dont tout esprit sérieux comprend la portée.

X.

Un dernier complément destiné à donner une entière satisfaction aux intérêts des populations du Var, c'est la prolongation de la voie de Draguignan sur Grasse.

Trois inondations successives, qui ont marqué la fin de l'année 1862, ont fait accuser de submersibilité la ligne du littoral.

Le vingt novembre, à la suite des pluies de l'équinoxe d'automne, les cours d'eau débordaient de toute part ; sur une longueur de deux cents mètres entre la station de Vidauban et les Arcs, les remblais du chemin de fer de Toulon à Nice se sont éboulés ; le 29, l'inondation interrompait de nouveau la circulation vers le Muy et Roquebrune ; la plaine était transformée en un véritable lac.

Nous taxera-t-on d'exigence, si nous demandons pour la célérité du commerce et la sûreté des voyageurs, une ligne complémentaire, qui soit à l'abri de ce terrible fléau dont on peut redouter la réapparition, sous l'influence des mêmes causes qui l'ont une première fois amené ? (1)

Le prolongement sur Grasse offre toute la sécurité désirable, et écarte toute crainte de ce genre.

Dans la zône étendue comprise entre Fréjus et Cannes, le Rail-Way semble avoir pris à tâche de s'écarter des populations. Il se déroule sur les rivages de la mer, au milieu de rochers abruptes ou de sables inféconds, en se jouant des difficultés accumulées par la nature, et qu'il a si merveilleusement surmontées.

Le prolongement sur Grasse, dans un parcours à peu près parallèle, pénétrerait au cœur même des populations.

Le tableau suivant en est une démonstration saisissante par la comparaison des communes que traverserait l'une et l'autre ligne.

(1) Le reproche de submersibilité est un des principaux arguments que la compagnie de Lyon à la Méditerranée invoque contre la ligne projetée par la compagnie du Midi entre Cette et Marseille.

Ligne de Draguignan à Grasse.	*Ligne du littoral*
Draguignan.	»
Figanières.	»
Callas.	»
Bargemont.	»
Claviers.	»
Seillans.	»
Fayence.	Fréjus.
Tourrettes	Saint-Raphaël.
Saint–Paul.	»
Callian.	»
Montauroux.	»
Grasse.	La mer.

La route départementale n° 20 est la seule voie de communication qui relie Draguignan et Grasse. La longueur en est de 56 kilomètres.

Des rampes ardues en rendent le parcours difficile, malgré les rectifications , dont elle a été l'objet , et qui grèvent , chaque année , le budget de dépenses considérables.

Une charrette , attelée de plusieurs colliers , met trois jours pour franchir cette distance.

Le transport de la tonne de marchandises , dans ces conditions , coûte environ trente francs.

Par le chemin de fer , la même tonne de marchanchandises fera le trajet en une heure et demie ; elle paiera 5 francs 60 centimes. L'expéditeur réalisera donc une économie de 24 francs 40 centimes par tonne !

Quel immense bienfait pour les parfumeries et autres usines, dont les produits ont porté, dans le monde entier, le nom et assis la réputation de notre opulente voisine la ville de Grasse !

XI.

Parmi les nombreux avantages que le département retirera de l'exécution du réseau, il en est deux sur lesquels on nous permettra d'insister.

L'industrie vinicole a pris dans le Var un développement, que l'on n'eût pu pressentir il y a quelques années à peine. A cette heure, près de trente-six mille hectares de vignes couvrent le sol des deux arrondissements de Draguignan et de Brignoles.

Les prix élevés des vins ont répandu une aisance générale : des fortunes considérables se sont rapidement formées.

Nous ne saurions trop nous arrêter sur l'importance de la culture de la vigne.

Là est l'avenir du département.

L'entraînement des propriétaires à planter ce précieux arbuste ne s'est point ralenti ; et bientôt, le chiffre d'hectares, que nous avons indiqué, aura atteint des proportions beaucoup plus fortes.

Nos vins ont trouvé jusqu'ici un débouché assuré dans la Montagne. Les consommateurs des Basses-Alpes descendent, tous les ans, pour opérer l'enlèvement de nos récoltes. Il est de même de ceux du Haut-Piémont.

Mais cet ordre de choses est précaire. — Lorsque le chemin de fer de la Durance aura relié les populations Alpestres avec Marseille, c'est là, qu'elles viendront s'approvisionner ; les vins du Languedoc y sont transportés, à peu de frais, par les chemins de fer, comme nous l'avons déjà dit.

Les propriétaires des pays producteurs, tels que Carcès, Montfort, Brignoles, etc., n'ayant à leur disposition que les moyens de transports ordinaires, ne pourront point lutter contre cette concurrence.

Il y a évidemment là un danger sérieux ; et l'on doit souhaiter qu'il soit promptement conjuré par le seul remède efficace : les voies de communication rapides, qui maintiendront les produits à leur réelle valeur.

L'importance agricole du Var a pris des proportions telles, que, depuis quelques années, l'administration s'est vivement préoccupée d'améliorer les voies de communication.— Les chemins vicinaux et ruraux ont reçu la plus grande extension. Nonobs-

tant ces efforts, un remaniement complet dans l'économie des routes départementales a paru nécessaire
au Conseil général.

Par les soins de M. Camme, ingénieur en chef,
un nouveau réseau de routes a été mis à l'étude,
pour répondre aux besoins de la situation.

Le chiffre total de la dépense est évalué approxi-
mativement à neuf millions.

L'achèvement du réseau de chemins de fer dans
le Var, rendrait inutile l'exécutiou de la plupart des
routes projetées.

Le département réaliserait donc une notable économie, soit dans leur établissement, soit dans leur
entretien.

XII.

Si étendu que soit l'objet de notre demande, elle
nous paraît justifiée par les vœux qu'a émis, dans le
même sens, le Conseil général, et l'empressement
de la Compagnie de la Méditerranée à faire procéder
à des études préliminaires.

D'ailleurs, n'est-il pas certain que les résultats
obtenus compenseront amplement les dépenses né-
cessitées par ces travaux ?

Un rapide examen des diverses localités, énumérées plus haut , donne une idée nette des ressources qu'elles présentent au triple point de vue agricole , industriel et commercial.

Toute compagnie y réaliserait des bénéfices assurés.

C'est dans le canton de Peyroles (Bouches-du-Rhône) qu'une des lignes complémentaires du réseau se détache du chemin de fer des Alpes , pour entrer dans le Var.

Elle rencontre là cinq communes , situées dans les verdoyantes vallées qu'arrose la Durance.

Des sources abondantes répandent la fécondité sur ces territoires d'où l'on tire des productions de fourrages , d'amandes et des fruits de toute espèce. Le tabac y est cultivé avec avantage ; et l'huile, qui y est recueillie, est vendue dans le Nord , sous la dénomination générique d'huile d'Aix , à cause de la délicatesse de l'arôme.

Des moulins à papier et des tanneries , occupent toute une population d'ouvriers.

L'arrondissement de Brignoles s'ouvre ensuite à la voie ferrée.

On connaît la richesse de ce territoire étendu , couvert de forêts touffues ; les chênes-blancs , et les pins-maritimes en sont les essences principales ; mais la difficulté de communication ne permet pas de les exploiter d'une manière lucrative.

Citons encore les charbons de bois , les écorces à

tan , les fourrages , les troupeaux , les laines et les truffes-noires, qui sont dans les communes de Rians, Saint-Martin , Esparron , l'objet d'un trafic important.

Le voyageur admire , en les traversant , les immenses rangées de vignes , alternant avec les productions les plus variées qui s'étalent sur les côteaux et dans les vallées de Montfort , de Carcés et de Correns.

Son regard s'étend avec complaisance sur les vastes et belles plaines de Saint-Maximin et de Rougiers, qui fournissent à la Provence des blés estimés.

Tavernes, Entrecasteaux , apportent à la fabrication de leurs huiles de table des soins particuliers.

Le *Verdon* , qui débite quatorze mille litres d'eau par seconde , *Carami* , le *Caulon* , les *Sources-Salées* , la *Bresque* , *Cassaule* , l'*Issole* , enfin le fleuve d'*Argens* , qui roule ses ondes impétueuses , en fertilisant les rives qu'il ravage parfois , tels sont les principaux cours d'eau qui développent dans tout l'arrondissement la plus luxuriante végétation.

Au point de vue manufacturier , la situation n'est pas moins florissante.

Brignoles possède des tanneries , des distilleries , des fabriques de drap et de chapeaux de feutre , des filatures de soie.

A Barjols , une magnifique papeterie suffit à la

consommation de tout le Midi , et expédie même au dehors ses produits.

Varages nous offre des fabriques de poteries et de faïence.

L'arrondissement de Draguignan s'ouvre à la nouvelle voie ferrée par un de ses cantons les plus riches à tous les points de vue , le canton de Salernes , comprenant trois communes.

Nous nous contenterons d'exposer la statistique officielle de la production dans la seule commune de Salernes.

Quintaux métriques.

Carreaux hexagones, malons, faïences,
poteries 182,500
   Charbons de terre. 36,500
   Drap , épiceries. 3,650
   Vins. 1,600
   Huiles. 1,000
   Tourteaux. 1,095
   Blé , farines. 800

Les tomettes de Salernes sont actuellement employées dans la France entière ; le département du Nord , entr'autres , en fait un usage considérable ; on en expédie jusqu'en Amérique.

Les inépuisables gisements d'argile rougeâtre tertiaire , servant à leur fabrication , qui existent aux environs de Salernes et de Villecroze, permettent de les livrer sur place , à des prix modiques ; l'imperfection des voies de communication seule , les tient élevés, à cause de leur poids et de leur volume.

La quantité que l'on en exporte est telle (et elle augmenterait nécessairement , par la création d'une voie ferrée), que l'on peut dire, sans être taxé d'exagération que le bénéfice , qu'en retirerait la compagnie, suffirait à payer les intérêts des sommes dépensées pour l'établissement du chemin de fer. On connaît la fraîcheur et la fertilité qu'entretiennent, dans ce canton, sur les territoires de Villecroze et de Tourtour , de nombreuses sources qui permettent de cultiver les meilleurs fruits de la contrée , tels que figues, pêches , amandes et des légumes très recherchés.

Les cantons *d'Aups* et de *Lorgues*, présentent dans la partie nord, des forêts de chênes blancs, de chênes verts, de chênes lièges, de pins maritimes; au midi se rencontrent toutes les cultures privilégiées , dont nous avons parlé ci-dessus.

Lorgues possède des distilleries , des moulins à huile, à farine, des fabriques de tuiles, de tomettes, de chapeaux , des tanneries ; c'est dans les environs de cette ville, qu'est établie la ferme école départementale de Salgues.

Aux portes du chef-lieu , on trouve l'importante commune de *Flayosc*, peuplée de trois mille habitants dont plus du tiers est exclusivement voué à la fabrication des chaussures.

Draguignan est appelée, on peut le prévoir facilement, à un avenir prospère ; située au pied de la montagne du Malmont couverte d'oliviers, dans un fertile bassin toujours vert, que l'agronome Chaptal appelait *le jardin anglais de la Provence*, comptant douze mille âmes, elle verrait sa population s'accroître, dans une forte proportion, si elle devenait tête de chemin de fer.

Chef-lieu administratif et judiciaire, siége de la Cour d'Assises, Draguignan doit à ces avantages, d'être un centre obligé d'affaires et de relations quotidiennes avec le département entier.

Draguignan possède plusieurs savonneries, dont les produits ont été l'objet de récompenses aux expositions universelles, de Paris et de Londres.

Des filatures de soie, des moulins à huile, à farine, à écorces de tan, des fabriques de poteries, de chandelles et de bougies stéariques, des tanneries, des brasseries, des fonderies, y occupent beaucoup d'ouvriers.

Draguignan est le marché naturel et d'approvisionnement des Basses-Alpes.

Les cantons d'*Aups*, de *Comps*, de *Callas* et de *Fayence*, versent sur la place de Draguignan d'importantes quantités de blés, de vins et d'huiles.

La seule commune de Montauroux exporte annuellement :

2800 hectolitres de blé.

1600 hectolitres d'huile.

3000 quintaux métriques de bois à brûler.

2000 id. d'écorces de chêne et charbons.

32000 id. de houille.

3500 id. de fruits divers.

1500 id. de cultures maraîchères.

Les exportations de la commune de Tourrettes peuvent s'évaluer ainsi :

8000 hectolitres de vin

4000 d'huile d'olive.

Les délibérations prises par les communes contiennent les détails statistiques les plus intéressants ; nous renvoyons à ce sujet, aux pièces justificatives.

Au premier rang des pays producteurs d'huiles et de vins, on doit ranger les communes de Figanières, Callas, Claviers, Bargemont, Seillans, Callian, etc, qui forment comme une sorte de ceinture autour de Draguignan, dans un périmètre de trente kilomètres environ.

La culture de l'olivier n'occupe pas moins de trente-trois mille hectares dans les deux arrondissements de Brignoles et de Draguignan ; ce dernier est compris dans ce chiffre pour vingt mille deux cents hectares

Le prompt écoulement que les voies ferrées offriraient aux propriétaires, les encouragerait à perfectionner le mode de fabrication des huiles.

Combien d'usines aujourd'hui abandonnées, reprendraient leur activité , et par là même, redeviendraient de véritables valeurs immobilières.

D'ailleurs, l'agriculture n'a point encore dit son dernier mot dans nos contrées. « L'irrigation en
« Provence, comme l'affirme M. le comte de
« Villeneuve Flayosc, dans son remarquable ou-
« vrage sur la géologie du Var, peut y élever l'agri-
« culture à un degré de richesse qui dépasse le dou-
« ble des produits de l'agriculture des pays les plus
« favorisés : c'est ainsi que la luzerne, dans le nord
« de la France, donnant 8000 kilogs par hectare ,
« peut fournir dans les irrigations du midi de 16 à
« 20,000 kilogs par hectare.»

L'administration départementale ne néglige aucune occasion d'obtenir ces résultats : la plupart de nos cours d'eau sont en ce moment l'objet d'études ayant pour but d'étendre le bénéfice des irrigations sur une large échelle. Nous citerons les canaux projetés de Nartuby, d'Argens , de la Siagne etc.

Le département du Var n'a pas été moins privilégié, par la nature, au point de vue minéralogique. Les environs de Barjols et de Besse, le bassin tertiaire du Val près Brignoles , présentent des couches de lignites terreux : il en est de même au Jabron , canton de Comps, à quelques lieues de Draguignan; ces gisements sont actuellement en exploitation.

Les mines de fer sont très nombreuses et très variées dans le Var ; on les trouve entre Brignoles et

le Val , à Combecave près Cabasse , à Montferrat ,
dans les argiles rouges de Salernes et de Salgues.

« Les minerais de fer, combinés avec la pré-
« sence des forêts de pins , permettent de compter
« sur d'excellents résultats en ce qui concerne la
« production du fer dans le Var » dit encore M. de
Villeneuve-Flayosc.

Seize exploitations de plâtre dans l'arrondissement
de Draguignan ; treize dans celui de Brignoles ,
expédient environ neuf mille quintaux métriques ,
par an.

Le plâtre blanc se rencontre à Varages , à Bargemon et à Montferrat.

L'exploitation actuelle du gypse n'est que le
dixième de ce que l'on pourrait obtenir sans peine.

Les calcaires utilisables , existent à portée des
lignes demandées; citons les marbres d'Ampus , déjà
exploités , ceux de Mons , le muschelkalk de Draguignan , dont les carrières ont fourni les blocs em-
ployés à la construction des ponts et viaducs du chemin de fer du littoral.

En un mot ajouterons-nous avec le savant auteur
déjà cité :

« Le département du Var est la contrée des sour-
« ces, des gypses, des lignites terreux et des minerais
« de fer ; ce sont là de véritables richesses , que
« la géologie offre à l'industrie. Les recherches
« de houille peuvent changer complètement la face

« de cette contrée.— Alors le département du Var
« n'aurait plus rien à envier à la Flandre. »

XIII.

Le département du Var déroule successivement devant les regards charmés du touriste , les paysages les plus mobiles et les sites les plus divers.

Les accidents de terrain s'y succèdent à chaque pas.

On conçoit qu'une nature aussi tourmentée , ait opposé des obstacles inattendus et des difficultés exceptionnelles , quand le tracé de la voie ferrée sur le littoral a dû attaquer la région granitique.

Au nord et au centre du département , la composition tellurique change complètement. L'ossature calcaire y cède aisément sous le pic du travailleur , et au lieu des cols abrupts qui se dressaient sur le parcours de la ligne de Toulon à Nice , les lignes complémentaires du réseau rencontreraient une série de vallées, telles que celles de Jouques, l'Eau-Salée, la Bresque , Riou , Flayosquet , Florièyes , Argens , Carami , Caulon, l'Huveaune ; c'est dans ces plis de terrain que pourraient être construites les nouvelles voies.

Les hommes de l'art assurent que leur exécution y trouverait des facilités étonnantes , avec des pentes maxima ne dépassant pas cinq millimètres.

L'espoir de participer aux bienfaits de l'achèvement du réseau a excité partout le plus vif enthousiasme, et suscité les aspirations légitimes des populations.

Nous ne doutons pas que les communes intéressées ne s'empressent de coopérer, de tous leurs efforts, à la prompte réalisation de ces projets.

Nous sommes heureux de citer ici l'exemple de patriotisme éclairé qu'a donné la ville de Salernes, en offrant de contribuer à l'établissement d'une voie ferrée, qui traverserait son territoire.

Sage calcul, autant que louable initiative.

XIV.

Résumons :

L'achèvement du réseau des chemins de fer du Var, répond à des besoins nombreux et pressants.

Plus favorisées que les populations du Nord, celles du Midi n'ont point à redouter ces cruelles vicissitudes d'un chômage forcé, qui plongent la classe laborieuse dans les sombres anxiétés de la misère et de la faim.

Dieu a départi aux départements méridionaux le bienfait d'un ciel constamment uniforme, d'un sol prévilégié, dont les récoltes, presque toujours certaines , procurent un aliment incessant à l'industrie et au travail.

Nos cités n'attendent plus que le développement des voies ferrées pour rivaliser d'activité et de richesses avec celles du Nord.

Cette heureuse transformation , à laquelle nous aspirons , porte déjà ses fruits , dans la région traversée par la voie ferrée.

Morales , intelligentes , les populations de l'intérieur du département méritent d'être traitées sur le même pied d'égalité que celles du littoral.

Les lignes complémentaires du réseau offrent à l'Etat une voie sûre , abrégée , invulnérable.

Elles ouvrent au commerce des débouchés nouveaux , et lui communiquent une vigoureuse impulsion , par l'économie de transport , dans un transit annuel assuré de quatre-vingt mille voyageurs , et de cent mille tonnes.

Elles dégagent d'une manière absolue le souterrain de la Nerthe , et obvient à l'encombrement de la gare de Marseille.

Elles vivifient nos contrées , et préparent à l'agriculture une ère de rénovation.

L'appui que l'autorité supérieure prêtera , nous en avons la ferme confiance , à ce grand projet ne demeurera point stérile.

Tout ce qui contribue à la prospérité de la France.

augmente les ressources de l'Etat et récompense ses efforts et ses sacrifices

C'est au développement des voies ferrées qu'est dû, en partie, l'accroissement, toujours plus élevé, de nos revenus indirects.

Le département du Var demande, avec instance, la mise à l'étude des lignes de son réseau, et l'exécution prochaine de celles qui doivent donner satisfaction aux intérêts les plus urgents.

Le Gouvernement, en témoignant ainsi de sa haute sollicitude envers nos concitoyens, acquerra des droits imprescriptibles à leur reconnaissance.

Comité de la ville de Draguignan.

—

Président d'honneur. M. L'Escuyer-d'Attainville, député au
Corps législatif, membre du Conseil
général du Var, Officier de la Légion-d'Honneur.

Président. M. Bouyer, docteur en médecine,
Maire de la ville de Draguignan,
membre du Conseil d'arrondissement, Chevalier de la Légion-
d'Honneur.

Vice-Président. M. Théüs, docteur en médecine, Chevalier de la Légion-d'Honneur,
membre du Conseil général du Var.

Secrétaires. MM. Auguste Guérin, architecte du
département, Secrétaire de la Société
d'agriculture du Var.
Philibert-Poulle, avocat, juge-
suppléant au tribunal civil de Draguignan.

Membres. MM. Augustin Alleman, banquier.
Bosc, ancien géomètre en chef du
Cadastre, Chevalier de la Légion-
d'Honneur.

Membres. MM. Boyer-Gubert, docteur en médecine, premier Adjoint à la mairie
de Draguignan, Chevalier de la Légion-d'Honneur.

Camme, ingénieur en chef des ponts
et chaussées, Chevalier de la Légion-d'Honneur.

Caussemille-Amic, président du tribunal de commerce de Draguignan.

Pierre-Clément, conseiller municipal.

Coulomb, président du tribunal civil
de Draguignan, membre du Conseil
général du Var, Chevalier de la
Légion-d Honneur.

Dupré, propriétaire.

Paul Duval, avocat.

Léonce Gubert, négociant.

Leydet, ancien magistrat, conseiller
municipal.

Jules Poulle, ancien juge de paix,
conseiller municipal.

Verrion aîné, avocat.

Délibérations des Conseils municipaux.

Nous ne pouvons, à notre grand regret, à cause des bornes étroites de cet écrit, reproduire les témoignages nombreux et les adhésions qu'ont adressés au Comité la plupart des communes, des arrondissements de Draguignan et de Brignoles, en faveur de l'achèvement du réseau du Var.

Nous nous contenterons d'insérer ici des extraits de quelques-unes des délibérations, qui ont été prises à cette occasion, par les Conseils municipaux.

LORGUES..

Séance du 21 septembre 1862.

M. le Maire expose au Conseil qu'une rivalité s'étant élevée entre la compagnie du chemin de fer de la Méditerranée et la compagnie du Midi, il convient aux communes du département du Var de faire entendre leurs vœux en faveur de la compagnie qui paraît devoir représenter les vrais intérêts des départements du Var, des Bouches-du-Rhône, des Basses-Alpes, et on peut dire, de tous les départements situés sur la ligne de Paris en Italie. Il est incontestable que ce n'est pas la compagnie du Midi qui peut représenter ces intérêts. La compagnie de la Méditerranée adopte au contraire, les plans qui nous paraissent les plus favorables; un chemin direct d'Aix à Marseille, passant par Gardanne, serait une tête d'embranchement pour un chemin qui partant de ce point, viendrait à Fuveau, Saint-Maximin, Brignoles, Carcès, et se rapprochant le plus possible de Lorgues, irait aboutir à Draguignan; cette route traverserait le centre du département et donnerait un grand essor au commerce et un débouché plus prompt aux denrées abondantes que fournit l'agriculture. Il aurait l'avantage de donner une grande économie de temps et d'argent aux marchandises et aux voyageurs allant directement de Paris à Nice et l'Italie.

Par ces considérations, M. le Maire a l'honneur de proposer au Conseil de formuler un vœu pour que le gouvernement veuille bien accorder la préférence aux plans proposés par la compagnie de la Méditerranée sur ceux de la compagnie du Midi.

Le Conseil municipal demande que le gouvernement concède à la compagnie du chemin de fer de Paris à Lyon et à la Méditerranée qui offre de les exécuter sans subvention et dans le délai de trois ans, les diverses lignes que cette compagnie a proposées; que] le gouvernement demande à la compagnie de la Méditerranée l'exécution de la ligne de Fuveau à Saint-Maximin et que cette ligne aille rejoindre la ligne de Toulon à Nice, en passant par ou près Brignoles, Carcès, Lorgues et Draguignan,

SALERNES.

Séance du 11 décembre 1862.

M. le Maire s'exprime en ces termes :

Il a été dit par un personnage auguste, dans une époque peu reculée, que le développement des voies de communication était sa prospérité et la richesse d'un Empire et des communes qui le composent. Aujourd'hui surtout, Messieurs, que tout marche dans le progrès et que l'industrie et l'agriculture prennent tous les jours plus d'extension, dans la France et principalement dans notre beau département, qui semble un peu sortir de l'ornière où il était tombé, par suite de son éloignement des grands centres de population, et par le manque des voies promptes et rapides, pour pouvoir y transporter ses denrées. Il ne serait pas juste, la France étant sillonnée par des chemins de fer, que nous fussions délaissés et que nous ne puissions donner un plus grand essor à notre commerce par cette lacune.

Vous savez, Messieurs, que l'Empereur, dans sa sollicitude pour les intérêts de son peuple, a ordonné la création d'une ligne ferrée qui rallie Toulon avec les nouveaux pays annexées. Mais je dois vous faire observer, Messieurs, que cette ligne a eu un but plutôt stratégique et militaire que commercial, car elle suit le littoral et ne traverse que des communes sans importance laissant de côté les points les plus industrieux et les plus commerciaux du département ; et tous les hommes éclairés qui s'intéressent au bonheur et à la prospérité de notre pays se sont empressés de se réunir au chef-lieu pour former un comité qui doit demander la création d'une ligne ferrée passant au centre du département et centraliser les vœux de toutes les communes pour adresser cette demande au gouvernement.

Voici maintenant l'exposé sommaire des tracés qui ont été l'objet d'études spéciales et qui semblent répondre aux besoins de tout le département :

D'Aubagne la voie ferrée arriverait à Saint-Maximin, soit par Fuveau, soit par Saint-Zacharie, en suivant la vallée de l'Huveaune, en rasant la base de la Sainte-Beaume, s'engagerait par la pente de Caulon jusqu'aux limites du territoire de Tourvès ; de là , elle se dirigerait sur Brignoles et la vallée de l'Argens par Carami pour atteindre la verdoyante plaine de Carcès , gagner le plan de Lorgues et aboutir enfin à Draguignan par une légère courbe sous Flayosc.

Une seconde section , qui serait véritablement la ligne capitale du département et qui serait destinée , tout en soulageant celle de Marseille , à servir de trait-d'union direct entre le chemin de fer de la Durance et l'Italie aurait pour point départ le chef-lieu du Var : centre des intérêts politiques et administratifs , s'avancerait vers le nord par Salernes et Barjols suivrait la vallée de l'Eau-Salée atteindrait Varages , Saint-Martin-les-Pallières , Esparron , Artigues , Jouques , Peyroles , Pertuis , c'est-à-dire , le grand réseau des Alpes relié au chemin de fer de la Durance.

Par tous ces motifs le Conseil municipal émet le vœu que la ligne ferrée passant par le centre du département partant de Draguignan et allant rallier le grand réseau des Alpes ou soit le chemin de fer de la Durance en suivant le tracé exposé, par M. le Maire , dans la seconde section soit adoptée et prie Monsieur le Préfet , d'avoir la bonté d'appuyer notre vœu auprès du gouvernement pour qu'il en ordonne l'étude et la concession.

ENTRECASTEAUX.

Séance du 14 décembre 1862.

Un comité composé de personnes notables du chef-lieu s'est réuni sous la présidence de M. Bouyer , maire de Draguignan , poursuivant avec ardeur l'établissement prochain d'un chemin de fer central du Var, placé sur le parcours que devra suivre le nouveau chemin ; il nous importe, unissant nos efforts à ceux du comité directeur, de faire connaître combien serait avantageux pour nous l'établissement d'une gare aux abords d'Entrecasteaux ou dans un point le moins éloigné possible de cette commune ; en effet, par le chemin de grande communication n° 37 arriverait tout le charroi des marchandises expédiées de Salernes, Aups, Villecroze, etc. La convenance pour la compagnie d'établir une gare à Entrecasteaux ou dans son terroir, ressort encore de la multiplicité des produits divers que son sol fournit en abondance, tels que huile d'olives, comestible très-recherché, vin pour le commerce, supérieur au cru des environs ; la culture de la vigne ayant pris un très-grand développement, Entrecasteaux est appelé à tripler, sous peu, sa production de vins. Citons encore les huiles à essence, les fourrages, les haricots très-estimés sur les marchés, les bois de construction, les taillis de chênes-verts, etc., tous ces produits très-abondondants font l'objet d'un commerce assez étendu qui n'attend pour se développer d'avantage que des moyens de rapides communications.

Une fabrique de tomettes qui fonctionne depuis quelques temps a livré au commerce des produits égaux sinon supérieurs à ceux surtout des fabriques de Salernes, qui pourtant sont généralement très-recherchées ; d'autres fabriques de même genre sont en voie de construction, la réussite des premiers fabricants excite l'émulation, il est à espérer que la création du chemin de fer central donnera encore plus d'élan à cette industrie.

Nous devons formuler notre avis sur la direction à suivre et à examiner au point de vu général et au point de vu particulier, la direction qu'il conviendrait de faire suivre au chemin de fer projeté ; il y a plusieurs projets, mais ceux qui paraissent réunir le plus de probabilité seraient ceux dont l'un prendrait son point d'attache à Peyroles sur les rives de la Durance, arriverait dans le Var par Rians, à Barjols, Correns, Montfort et Carcès. L'autre partant d'Aubagne passerait par Saint-Maximin, Brignoles et Carcès. Il est bon en passant de faire cette remarque importante, que la ligne qui prendrait son point d'attache à Peyroles présenterait une abréviation, pour nous rendre à Paris, de 150 kilomètres ; notre choix entre ces deux tracés doit nécessairement s'arrêter sur celui qui nous rapproche de Paris et du Nord de la France.

A unanimement délibéré d'émettre le vœu : 1° que le chemin de fer central du Var soit établi au plutôt possible ; 2° que le projet de Peyroles à Draguignan soit exécuté ; 3° qu'une gare soit établie aux abords d'Entrecasteaux ou dans le point le plus rapproché possible de cette commune, à Séguemagne eu mieux à Rocas.

MONTFORT.

Séance du 27 septembre 1862.

Le réseau demandé est un chemin de fer ayant son point de départ à Draguignan, passant à Flayosc, Lorgues, Carcès, Montfort, se divisant vers cette dernière commune en deux branches dont l'une se dirigerait sur Marseille par le Val,

Brignoles , Tourves , Saint-Maximin , Trets et Aubagne , et dont l'autre se dirigerait sur Peyroles , station du chemin de fer , de la Durance , par Correns , Châteauvert , Barjols , Varages , Saint-Martin , Esparron et Rians.

Ce réseau se recommande , en effet , par les avantages suivants :

1° Il est aussi central que possible et dessert presque toutes les localités importantes des arrondissements de Draguignan et de Brignoles ; ces localités sont en outre reliées à leurs chefs-lieux d'arrondissement et de département ;

2° Les deux branches sur Marseille et sur Peyrolles correspondent à nos deux principaux débouchés : d'une part , c'est avec Marseille que se fait la moitié de notre commerce; de l'autre la vallée de la Durance est aussi un aboutissant d'une importance considérable. Nous trouvons à Peyroles , à l'Est , la route de la montagne, débouché de premier ordre pour nos vins ; à l'Ouest , la route de Paris, abrégée de 80 kilomètres;

3° Le réseau se soude à Draguignan , au moyen de l'embranchement en cours d'exécution , à la ligne de Toulon à Nice ; il dote ainsi d'une voie ferrée notre débouché sur l'Italie ;

4° Le principal tronçon est établi dans la vallée d'Argens , la plus riche , la plus considérable du département et dont les autres sont tributaires ; les quelques localités manquantes laissées en dehors du tracé sont toutes situées sur des affluents de l'Argens , de telle sorte qu'il sera facile de les relier à la voie ferrée par des routes excellentes à pentes douces, mais continuellement inclinées vers le chemin de fer et réduisant la traction jusqu'à son extrême limite.

Par toutes ces raisons , le Conseil municipal de Montfort donne son adhésion à ce projet déclarant qu'il lui semble donner entière satisfaction à toutes les exigences d'utilité générale et au plus grand nombre des intérêts locaux.

Ainsi fait et délibéré à Montfort, les jour, mois et an susdits.

ÉTAT *des denrées et marchandises exportées annuellement. (Année moyenne.)*

DENRÉES et MARCHANDISES.	QUANTITÉ.	OBSERVATIONS.
Vins........	10000 hectolitres.	Les denrées énoncées dans tableau sont les plus importantes, mais il en est beaucoup d'autres dont la culture prendrait une très-grande extension si la commune était dotée d'un chemin de fer, de ce nombre sont les légumes verts et les fruits de table dont la culture en grand, ou le climat de la commune et la qualité de la terre, serait une source de richesses.
Huiles....	1000 hectolitres.	
Bois.......	1000 quint. mét.	
Charbon ...	1000 id.	
Foin.......	100 id.	
Fruits secs..		
Raisins de table.		
Fruits frais		

CORRENS.

Séance du 29 novembre 1862.

Monsieur le Maire fait connaître ainsi qu'il suit l'objet de la réunion :

Le département du Var a merveilleusement mis a profit

les deux années d'ordre et de sécurité que nous a données le gouvernement de l'Empereur. Sous l'influence d'un calme profond, toutes les branches de la production ont pris leur essor et sont arrivées à un très-haut degré de prospérité.

Mais à mesure que les produits sont plus nombreux il devient plus nécessaire d'assurer bien l'écoulement. Il convient donc de chercher à étendre nos débouchés, à élargir le cercle de nos marchés, à réduire le plus possible nos frais de transport. Ce sont autant de résultats qui s'obtiennent par l'établissement de voies ferrées. Aussi l'opinion commence t-elle à être vivement préocupée d'obtenir la construction de plusieurs lignes qui seraient établies au centre du département et qui constitueraient ce que par cette raison on a nommé le réseau central du Var.

Parmi les projets fort divers qui ont été proposés, voici celui qui semble réunir le plus grand nombre d'adhésions, qu'il nous convient évidemment d'adopter et que nous devons même soutenir dans la mesure de nos forces. Il consiste en deux lignes : l'une de Draguignan à Marseille par Flayosc, Lorgues, Carcès, Montfort, le Val, Brignoles, Tourves, Saint-Maximin, Trets et Aubagne ; l'autre de Draguignan à Peyrolle, station du chemin de fer de la Durance se confondant avec le premier jusqu'après Carcès et s'en détachant vers Montfort pour se diriger sur Correns, Châteauvert, Barjols, Varages, Saint-Martin, Esparron et Rians. Ce projet répond à toutes les exigences. Il dessert, en effet, d'une part, toutes les directions où s'écoulent nos produits : Marseille, Paris, les Alpes et l'Italie. D'autre part, il traverse presque toutes les communes importantes des arrondissements de Brignoles et de Draguignan, les relie entre elles et surtout à leurs chefs-lieux d'arrondissement et de département. Les quelques localités laissées à l'écart par ce tracé en sont toutes à de faibles distances. La plupart d'entr'elles, situées sur des cours d'eau affluents de l'Argens pourront être rattachées à la voie ferrée par des routes excellentes à pentes douces et continues qui permettront d'y amener les marchandises avec une traction excessivement réduite.

Ces deux lignes ferrées donneraient donc satisfaction complète à tous les intérêts. Nous devons nous mettre en instance auprès du gouvernement pour en obtenir la construction. Nous sommes fondés à croire qu'elles nous seront accordées puisque nous pouvons invoquer à notre appui des motifs de justice distributive et d'équité. Reposons-nous, d'ailleurs, du soin de faire valoir notre bon droit sur notre éminent Préfet. Nul n'en est plus capable, comme aussi nul n'est plus digne d'être écouté du gouvernement de l'Empereur.

BARJOLS.

Séance du 9 novembre 1862.

Un membre a dit : Messieurs, dans sa session du mois d'août dernier, le Conseil général se préoccupant, à juste titre, des voies ferrées qui intéressent notre département, émet le vœu qu'il y fut établi un réseau composé de trois branches, parmi lesquelles celle du Nord, qui était désignée comme devant se relier à la ligne des Alpes par Rians et Peyrolles.

L'exécution de cette branche devant satisfaire à de nombreux intérêts et améliorer surtout les conditions de bien de localités délaissées jusques à ce jour; il y a lieu de la voir se réaliser peut-être dans un temps peu éloigné et devenir une ligne de la plus grande utilité; c'est ce que comprenant la compagnie de la Méditerranée, elle a fait étudier un projet dont la possilité a été démontrée, sans qu'elle présente de difficulté. Cette ligne reliant le Var avec Avignon et les Alpes, se dirigeant de Peyroles sur Rians et venant aboutir par Esparron, Saint-Martin et Varages, à Barjols, allant ensuite vers Saint-Maximin, d'où se relierait à la fois à la voie ferré d'Aubagne et à la ligne d'Italie, et desservirait les nombreuses populations de Cotignac, Salernes, Tavernes, Varages, Saint-Martin, Esparron, Rians, Ginasservis, Vinon, etc., tous ces pays sont le point de départ d'importantes exportations, soit agricoles, soit manufacturières, vins, blés, huiles, bois, charbons, écorces, cuirs, briquetteries, papiers, et une foule d'autres produits manufacturés.

Je propose donc au Conseil d'émettre le vœu que la branche de la voie ferrée de Peyroles venant à Rians, Esparron, Saint-Martin, Varages, Barjols, soit adoptée.

ESPARRON.

Séance du 8 décembre 1862.

Considérant qu'un comité de direction a été chargé, à Draguignan, de réunir les adhésions des communes intéressée à l'établissement des chemins de fer central, d'Avignon à Draguignan, passant par Rians, Artigues, Esparron,

Saint-Martin , Varage , Barjols , Salernes , s'embranchant à Pertuis ou à Peyroles , sur le chemin de fer des Alpes :

Considérant que la commune d'Esparron entièrement agricole sera une de celles à qui ce chemin mis en exécution, donnera le plus de bénéfice , puisqu'elle donnera un entier débouché à ses produits ; il est à remarquer qu'à elle seule elle livre à la consommation plus de dix mille hectolitres de blé , des bois et des charbons , sur une étendue d'environ trois mille hectares , des troupeaux nombreux , des laines , des vins , des amandes et des cocons.

Que mettant de côté les produits et les richesses du pays , le Conseil municipal fait observer que dans l'intérêt général, cette ligne , la plus directe , de Paris à l'Italie méridionale , économiserait cent quarante kilomètres de parcours , soit pour les marchandises et les voyageurs venant de Paris et du Nord.

Par tous ces motifs , le Conseil municipal de la commune d'Esparron , donne son adhésion pleine et entière au comité formé à Draguignan , pour obtenir dans le plus bref délai possible, un chemin de fer central du Var, partant de Peyroles ou Pertuis et se dirigeant sur Draguignan , Nice et l'Italie , par Rians , Artigues , Esparron , Saint-Martin, Varages et Barjols.

BAUDUEN.

Séance du 18 décembre 1862.

Vu la lettre de Monsieur le Maire de Draguignan , le Conseil municipal de la commune de Bauduen émet le vœu qu'un chemin de fer cental soit créé au plutôt dans l'intérieur du département.

Enfin , le Conseil municipal après avoir bien examiné et pesé les intérêts publics , est d'avis que tout soit fait au plutôt et le mieux que possible.

Note des denrées sortant de la commune de Bauduen.
(Annuellement.)

Blés......	2,000 charges.
Truffes noires...	5,000 kilog.
Pommes de terre	20,000 kilog.
Amandes.................. .	10,000 kilog.
Légumes secs et frais..........	100 charges.

TOURVES.

Séance du 9 novembre 1862.

Le Conseil étant ainsi formé , M. le Maire , a exposé qu'au moment où les deux puissantes compagnies du Midi et de la Méditerranée , se disputent le privilège d'établir un chemin direct entre Cette et Marseille , un grand nombre de communes importantes du département du Var , avaient agi activement pour sortir de l'oubli dans lequel elles avaient été laissées jusqu'à présent et s'étaient vivement préocupées des moyens à prendre pour obtenir enfin de participer aux bienfaits du chemin de fer et qu'il était bon que le Conseil municipal de Tourves ne restât pas inactif quand tout le monde se remuait autour de lui et fit des vœux , au moins , pour revendiquer à son profit , la création de la nouvelle voie ferrée dont il est question de doter notre département.

Considérant : 1° que les chemins de fer sont , pour le pays qu'ils traversent une source incontestable de richesses et de prospérité ; 2° qu'en raison de son beau terroir et de ses riches produits qui l'ont fait placer , à juste raison , au premier rang entre ceux de son arrondissement et encore de ses nombreuses fabriques de tannerie , de distillerie etc., la commune de Tourves mérite bien la faveur de se voir traversée par la nouvelle voie ferrée , qui doit , dans un avenir prochain , satisfaire aux trop justes réclamations des pays qui ont été privés jusqu'aujourd'hui :

3° Que les nombreuses carrières de marbre rouge et blanc qu'elle renferme n'attendent que l'établissement du nouveau chemin de fer pour recevoir une exploitation qui serait une nouvelle source de richesses pour le pays.

4° Que , pour la facilité du transport et l'exploitation de leurs produits , nombre d'usines que mettraient en jeu les beaux cours d'eau qu'elle possède ne manqueraient pas de s'établir ;

5° Considérant qu'en perdant les bienfaits de la route impériale qui va , pour ainsi dire . être annulée par l'établissement des nouveaux moyens de locomotion, il conviendrait que la commune de Tourves eût , en compensation , les avantages que ceux-ci doivent procurer ;

6° Considérant enfin , que le programme de la compagnie de la Méditerranée comprend le projet d'un chemin de fer d'Aix à Brignoles , où , mieux encore , d'Aubagne à la ligne d'Italie , par Saint-Zacharie , Tourves , Brignoles , qui serait la ligne du département qui aurait encore l'avantage sur celle du littoral , d'avoir 25 kilomètres de parcours en moins.

Le Conseil municipal, à l'unanimité des voix , émet le vœu formel que la compagnie de la Méditerranée , ait la préférence sur celle du Midi , sa rivale . et obtienne le privilége d'établir la nouvelle voie ferrée qui doit sillonner notre département.

Ressources que peut présenter la commune de Tourves

Usines

Moulins à farine................... 4
Moulins à huile................... 5
Distilleries................... 4
Tanneries................... 3

Produits agricoles.

Froment , excédant... ..... 20,000 hectolitres.
Pommes de terre . excédant. 80,000 kil.
Fourrage , excédant........ 15,000 quintaux métr.
Vin , excédant....... ... 12,000 hect.
Charbon de bois..... .... 10,000 quintaux métr.

Commerce et industrie.

Importation de cuirs bruts....... 160,000 kil.
Importation d'écorces... .... 1,000,000 kil.
Exportation de cuirs tannés..... 100,000 kil.
Eau-de-vie de marc........... 150 hect.

POURCIEUX.

Séance du 21 décembre 1862.

Par ce tracé la commune de Pourcieux serait placée à proximité de la ligne et traverserait ainsi un facile débouché, soit vers le couchant, Marseille et Aix, soit vers le levant, Brignoles et Draguignan, des produits de son territoire, qui consistent principalement dans le vin, les céréales et les charbons de bois, que produisent les forêts dont une partie de son territoire est recouverte.

Le commerce de la briqueterie prendrait un nouvel essort; le sol argileux de son territoire étant d'une incontestable supériorité pour la fabrication des briques et des tuiles, les moyens de transport devenant plus faciles et moins couteux, de nombreuses fabriques ne tarderaient pas à s'élever, et leur produit trouvant un débouché dans les grands travaux d'utilité publique, alimenteraient le mouvement de transit sur la voie ferrée.

Le commerce des briques qui se fait en ce moment à Pourcieux, limité à la contrée, et forcément circonscrit par les frais de transport, a néanmoins une importance qu'on ne saurait méconnaître. Mais si l'on veut se former une idée du développement que prendrait cette industrie, si les débouchés lui étaient assurés, il suffit d'évoquer le passé.

Délibéré à l'unanimité que les intérêts de la commune de Pourcieux réclament, que le chemin de fer central du département du Var, ait son point de départ à la ville d'Aix, traverse le territoire de Pourcieux, pour aboutir à la ville de Saint-Maximin, d'où il prendra la direction la plus conforme aux intérêts du département.

RIANS.

Séance du 2 novembre 1862.

Vœu en faveur d'un chemin de fer se reliant à celui de la Durance.

Tableau des produits.

DÉSIGNATION DES MARCHANDISES OU DENRÉES EXPORTÉES DU CANTON DE RIANS	NOMBRE DE QUINTAUX métriques.	TOTAUX.
Importation.		
Denrées coloniales, épicerie, droguerie, etc....	20,000	
Draperies, étoffes....	500	27,500
Ferronneries............. .	1,000	
Liquides	6,000	
TOTAL.........	27,500	
Exportation.		
Bois de chauffage....	120,000	
Bois pour fabrication d'acide..	170,000	
Charbon de bois	100,000	
Écorce à tan..............	50,000	
Bois courbants, puur la construction des navires......	60,000	539,000
Blé. ..., ...	20,000	
Vin.	10,000	
Foin.............	5,000	
Paille................	4.000	
TOTAL.........	539,000	
TOTAL GÉNÉRAL	....	566,500

SAINT-MAXIMIN.

Séance du 28 décembre 1862.

Vœu à l'appui d'un chemin de fer central.

POURRIÈRES.

Séance du 21 décembre 1862.

Le Conseil émet le vœu qu'il soit créé un chemin de fer central dans le Var, partant d'Aix, touchant aux mines de Fuveau et de Trets, et passant par Pourrières, Saint-Maximin, Brignoles, etc.

LE VAL.

Séance du 15 février 1863.

Délibération en faveur d'un chemin de fer passant dans l'intérieur du département.

SILLANS.

Séance du 22 février 1863.

Le Conseil municipal adhère à l'unamité aux projets exprimés dans la circulaire de M. le Maire de Draguignan.

COTIGNAC.

Séance du 14 décembre 1862.

Le Conseil, considérant que la commune de Cotignac, déjà importante par sa population (3.515 habitants), est, après Brignoles, le chef-lieu le plus populeux de l'arrondissement.

Qu'elle compte, en grand nombre, des filatures, des tanneries, des moulins à huile et des ressences, occupant, ensemble, plus de 400 ouvriers ; qu'elle récolte, environ, dix mille hectolitres d'huile, quinze mille hectolitres de vin, et une infinité d'autres menus produits,

Emet le vœu qu'un chemin de fer central, soit créé, au plutôt, dans le Var, et sur le point le plus rapproché possible de Cotignac.

AUPS.

Séance du 8 février 1863.

Monsieur le Maire expose que la compagnie du chemin de fer de la Méditerranée, fait faire des études pour un chemin central, dont la création aiderait puissamment au développement des intérêts industriels et agricoles des localités qui se trouvent éloignées de la ligne du littoral.

Il invite le Conseil a émettre le vœu que ce chemin par le centre du département soit créé le plutôt possible.

Le Conseil s'associant à la proposition de M. le Maire exprime le vœu que le chemin central dont les études se font en ce moment et qui répond aux besoins des populations se fasse au plutôt et qu'il se rapproche le plus près possible de la ville d'Aups, qui trouverait dans cette nouvelle voie une grande facilité pour le transport des blés, des huiles, des écorces, de chênes-verts, du charbon, des produits de la tannerie et de la chapellerie qui constituent les principales ressources, agricoles et industrielles du pays.

COMPS.

Séance du 4 janvier 1863.

Monsieur le Maire a dit : Messieurs, lorsque les études de la ligne ferrée de Toulon à Nice eurent lieu, nous croyions tous que le chemin de fer passant par Draguignan près Figanières, Callas, près Fayence, Callian, Grasse, etc., et de là à Nice obtiendrait la préférence sur celui passant par le littoral ; ce fut cette dernière direction qui fut préférée et qui est sur le point d'être terminée. Ce que nous prévoyons est arrivé ; les débordements des rivières de l'Argens et du Reyran ont commis de grands dégâts sur cette ligne encore inexploitée entre les Arcs et Nice : ces fâcheux évènements ne tarderont pas longtemps à se reproduire ; nous sommes vraiment étonnés que le génie militaire ait consenti à établir un chemin de fer au bord de la mer : il n'est pas besoin d'entrer dans de longs détails pour faire ressortir tous les inconvénients de cette ligne ferrée , tant sous le rapport stratégique que sous celui de l'intérêt commercial. Ce dernier intérêt nous importe beaucoup; la position topographique des communes de notre canton exportateur et importateur demande à ce qu'il soit créé un chemin de fer partant d'Aix passant par les villes et communes qui se trouvent d'Aix à Draguignan et de cette dernière ville à Grasse et Nice. Une pareille voie serait vraiment utile à tout le département; elle serait établie sur un sol calcaire, exempte de toute surprise en cas d'une guerre maritime et aurait l'avantage sur l'autre ligne du littoral.

MONTFERRAT.

Séance du 15 février 1863.

Le Conseil municipal de la commune de Montferrat (Var), émet le vœu qu'un chemin de fer central soit créé au plutôt, dans l'intérieur du département pour satisfaire aux besoins réels d'une population intéressante , et que l'expression de ce vœu parvienne et soit adressé par les soins de M. le Maire au gouvernement de S. M. l'Empereur , toujours disposé à accueillir favorablement ce qui est bien.

FIGANIÈRES.

Séance du 21 décembre 1862.

Compléter le réseau des voies ferrées dans nos départements méridionaux par la construction de diverses lignes dont l'une partant d'Aix, se dirigeant sur Draguignan et Grasse en se rapprochant des Basses-Alpes, irait aboutir à Nice, et desservirait les centres les plus riches et les plus populeux de trois arrondissements ; tel est le but que s'est proposé la puissante compagnie de la Méditerranée, et dont le Conseil demande la réalisation.

CALLAS.

Séance du 14 décembre 1862.

Callas, avec son vaste territoire, d'une contenance de 4,926 hectares, ses nombreux coteaux recouverts d'oliviers, sa vaste plaine où prospère la vigne, ses montagnes au Sud, boisées de pins maritimes et chênes-lièges, essences forestières, les plus riches, d'une superficie de 2,510 hectares, fournirait pour les produits de son sol, aussi nombreux que variés, son contingent, qui n'est pas sans importance, à l'alimentation du chemin de fer, objet de ses vœux, dont il confie la réalisation à la sollicitude de l'administration supérieure, qui, il l'espère bien, favorisera une féconde entreprise, dont dépendent l'avenir et la prospérité des deux tiers du département.

CLAVIERS.

Séance du 26 décembre 1862.

Le Conseil municipal ouï l'exposé de M. le Maire, l'approuve unanimement ; et, considérant que notre pays peut fournir annuellement un transport de 1,500 tonnes, soit en olives, huiles, fruits secs, bois de construction pour l'exportation, et une importation de 500 tonnes, appelle de tous ses vœux la réalisation de la voie ferrée, et émet dans l'intérêt de tous qu'elle se rapproche le plus possible des Basses-Alpes.

BARGEMON.

Séance du 14 décembre 1862.

Considérant que ledit chemin de fer central serait très-favorable à la mine de charbon de Jabron, de laquelle mine il se rapprocherait sensiblement ;

Considérant que la commune de Bargemon possède des mines de superbe plâtre blanc, des mines de plâtre rouge et gris, toutes inépuisables, qu'elle possède aussi des carrières de pierre de très bonne qualité, et qui ont déjà servi pour le chemin de fer passant au Muy ;

Considérant enfin , qu'on trouverait dans le territoire de Bargemon et dans les environs beaucoup de chênes-blancs pour la construction dudit chemin central , et beaucoup de bois de chauffage,

Le Conseil municipal émet le vœu , à l'unanimité , qu'un chemin de fer central soit créé au plutôt dans l'intérieur du département du Var.

SEILLANS.

Séance du 14 décembre 1862.

L'exportation des huiles , du vin , des bois , des écorces à tan , charbons , l'importation des grains s'opèrent aujourd'hui par des routes d'un accès difficile et dispendieux.

Considérant que le chemin de fer du littoral ne nous est d'aucune utilité ; qu'il n'y a qu'un seul moyen de remédier aux graves inconvénients auxquels il donne et peut donner lieu , et qui ont été déjà reconnus et signalés ; cet unique moyen est d'établir la voie dont on propose l'exécution.

Le Conseil municipal de Seillans , à l'unanimité , émet le vœu qu'un chemin de fer central soit créé au plutôt dans l'intérieur du département , en se rapprochant le plus possible des centres de population, et en particulier de Seillans.

MONTAUROUX.

Séance du 28 décembre 1862.

Délibération dans le même sens.

FAYENCE.

Séance du 24 décembre 1862.

Par ces motifs, le Conseil émit le vœu, qu'il soit créé au plutôt un chemin de fer central qui, abrégeant la distance qui nous sépare de Paris, et desservant les arrondissements de Brignoles et de Draguignan ainsi que le nord du département par ses ramifications, aboutisse à Grasse et de là à nos frontières d'Italie.

SAINT-PAUL.

Séance du 14 décembre 1862.

Considérant que la commune de Saint-Paul par son commerce, comme par le produit de ses usines et la fécondité de son sol peut retirer de très-grands avantages de la création d'une voie ferrée traversant le bassin du canton de Fayence,

Le Conseil émet le vœu qu'un chemin de fer central soit créé au plutôt dans l'intérieur du département.

TOURRETTES.

Séance du 21 décembre 1862.

Délibération dans le même sens.

CALLIAN.

Séance du 14 décembre 1862.

Considérant que la commune de Callian possède à elle seule plus 4,500 hectares de forêts agrégées de pins , de chênes-blancs et de chênes-verts , forêts qui se trouveraient à peu de distance du chemin de fer projeté et dont les produits des coupes faites annuellement seraient beaucoup plus considérables.

A unaniment délibéré :

Qu'il émet un vœu favorable pour la création du chemin de fer central dans le département du Var , devant se rapproché le plus possible des communes du canton de Fayence dont la population est de plus de dix mille âmes et qui ont toutes une certaine importance agricole.

BROVÈS.

Séance du 21 décembre 1862.

Le Conseil municipal de la commune de Brovès , après avoir entendu l'exposé que vient de faire M. le Maire au sujet d'un chemin de fer central dans le département du Var; reconnaît à l'unanimité les grands avantages de cette nouvelle voie ferrée, non seulement dans l'intérêt de la commune de Brovès, et du canton de Comps , mais encore des départements du Var , des Bouches-du-Rhône , des Basses-Alpes et des Alpes-Maritimes ; aussi , le Conseil municipal donne sa complète adhésion à cet utile et si important projet , et à l'unanimité émet le vœu que ce nouveau réseau central dans le département du Var soit établi au plutôt.

MONS.

Séance du 14 décembre 1862.

Considérant que la commune de Mons (qui sur une superficie de 7,662 hectares , en a 1,170 en terres à blé et oliviers, 2,672 en terres boisées de pins , chênes-blancs et chênes-verts) exporte du blé de l'huile , du bois, du charbon et de l'écorce de chênes-verts ; — qu'elle possède une fabrique de tuiles , une carrière de marbre , des moulins à farine qui ne chôment jamais , enfin, des moulins à huile ; — qu'au triple point de vue commercial , industriel et agricole , elle a un intérêt majeur à ce qu'une voie ferrée la rapproche de Grasse et Nice d'une part, de Draguignan et Marseille d'autre part ;

Le Conseil municipal émet , à l'unanimité le vœu qu'il soit établi de Marseille sur Nice un nouveau chemin de fer passant par Brignoles , Draguignan , le canton de Fayence et Grasse.

APPENDICE.

Ce travail était déjà publié, lorsqu'a eu lieu la réunion générale des Comités du Var, dans la cité de Saint-Maximin.

Dimanche 15 mars, une grande solennité réunissait dans cette ville les notabilités des villes de Marseille, d'Aix, les délégués des Comités de Saint-Maximin, de Brignoles et de Draguignan.

Les populations intéressées des arrondissements de Brignoles et de Draguignan y étaient représentées par les membres du Conseil général et les Maires des diverses communes.

L'assemblée générale, qui s'est tenue dans la salle de la mairie, sous la présidence de M. Chiappini, sous-Préfet de Brignoles, et à laquelle ont assisté plus de trois cents personnes, a pris, après une discussion sérieuse et approfondie, la délibération suivante :

L'assemblée consultée par son président, émet le vœu que les deux lignes, destinées à desservir le département du Var, soient décrétées le plus promptement possible et que le département soit rattaché par ces mêmes lignes à Marseille, Aix, les Hautes, Basses-Alpes et l'Isère; l'assemblée a reconnu à l'unanimité qu'elles doivent aboutir à Draguignan.

L'assemblée s'est séparée au cri de vive l'Empereur !